स्वानंद किरकिरे

स्वानंद किरकिरे का जन्म 1969 में, इंदौर (मध्य प्रदेश) के एक मराठी परिवार में हुआ। शुरुआती पढ़ाई इंदौर में ही हुई। स्नातक 'राष्ट्रीय नाट्य विद्यालय', दिल्ली से किया और वहीं आपने नाट्य-लेखन के साथ-साथ गीत और कविता लिखना भी शुरू किया।

गीतकार, गायक, अभिनेता, संवाद लेखक, संगीत निर्देशक और सह-निर्देशक होना स्वानंद किरकिरे के बहुआयामी व्यक्तित्व की झलक है। 'लगे रहो मुन्ना भाई', 'थ्री इडियट्स', 'हज़ारों ख़्वाहिशें ऐसी', 'परिणीता', 'पा', 'राजनीति', 'पीपली लाइव', 'बर्फी', 'इंग्लिश विंग्लिश' आदि फ़िल्मों के लिए कई ख़ूबसूरत गीतों की रचना करनेवाले स्वानंद सर्वश्रेष्ठ गीत-लेखन के लिए दो बार 'राष्ट्रीय फ़िल्म पुरस्कार' से सम्मानित हो चुके हैं। इसके अलावा कई अन्य फ़िल्म अवार्ड से भी नवाज़े जा चुके हैं। आपने 'हज़ारों ख़्वाहिशें ऐसी', 'चमेली', 'एकलव्य', 'मैक्सिमम', 'बद्रीनाथ की दुल्हनिया' आदि हिंदी फ़िल्मों के साथ ही मराठी फ़िल्म 'चुम्बक' में अभिनय भी किया है।

उर्दू, हिन्दी और मराठी लेखन-परम्परा से ख़ुद को प्रभावित मानने वाले स्वानंद का यह पहला कविता-संग्रह है—*आपकमाई*।

स्वानंद किरकिरे

आपकमाई

राजकमल पेपरबैक्स

सार्थक *(राजकमल प्रकाशन का उपक्रम)* से
पहला संस्करण : नवम्बर, 2017
दूसरा संस्करण : फ़रवरी, 2018

राजकमल पेपरबैक्स में
पहला संस्करण : जून, 2024

राजकमल पेपरबैक्स : उत्कृष्ट साहित्य के जनसुलभ संस्करण

राजकमल प्रकाशन प्रा.लि.
1-बी, नेताजी सुभाष मार्ग, दरियागंज
नई दिल्ली-110 002
द्वारा प्रकाशित

शाखाएँ : अशोक राजपथ, साइंस कॉलेज के सामने, पटना-800 006
पहली मंजिल, दरबारी बिल्डिंग, महात्मा गांधी मार्ग, प्रयागराज-211 001
1, अनमोल सोराबजी संतुक लेन, धोबी तलाव, मरीन लाइंस, मुम्बई-400 002

वेबसाइट : www.rajkamalprakashan.com
ई-मेल : info@rajkamalprakashan.com

यश प्रिंटोग्राफिक्स
नोएडा-201 301 (उत्तर प्रदेश)
द्वारा मुद्रित

मूल्य : ₹ 199

AAP-KAMAAIEE
Poetry by Swanand Kirkire

ISBN : 978-81-267-3006-3

दादी रजनी बाई किरकिरे—'माई'
नानी सुशीला बाई गावरीकर—'चाची'

माँ नीलाम्बरी किरकिरे और
पिताजी चिन्तामणि किरकिरे
को समर्पित

भूमिका

मैं कवि नहीं हूँ। गायक नहीं हूँ। लेखक नहीं हूँ। अभिनेता, निर्देशक—इन सबसे ऊपर मैं एक नाटकवाला हूँ। सिनेमा भी मैं इसलिए करता हूँ कि वो मेरे लिए वृहद् स्थल-काल में एक नाटक ही है।

मेरी कविता की कोई जाति नहीं है। वो किसी शैली, व्याकरण, इज़्म या किसी सन्दर्भ से परे हो सकती है—है या नहीं—मुझे नहीं पता। पर एक बात जो मैं निश्चित रूप से समझता हूँ वो है कविता की महत्ता। बड़े-बड़े कवियों के शब्दों ने मेरे भीतर तक जाकर संवेदना के नए-नए स्थल मुझे दिखाए हैं। मैं शब्दों के प्रति ग़ैर-जिम्मेदार न हो जाऊँ, इस बात की पूरी कोशिश करता हूँ। आभारी हूँ गुलज़ार साहब का जिनके अल्फाज़ों ने कविता के अनन्त विश्व के दरवाज़े मेरे लिए खोले।

शब्द, लय, संगीत मुझे विरासत में मिले हैं। ये मेरी बापकमाई हैं। पर मेरे जो विचार हैं वो मेरी 'आपकमाई' हैं। आपको समर्पित है—जो भली लगे तो मेरी और जो बुरी लगे तो समाज की!

मेरी दादी और नानी दोनों कविताएँ लिखती थीं, ये पहली किताब उन दोनों के नाम। मैं अपने मित्र संदीप यादव का शुक्रिया अदा करना चाहता हूँ, जिन्होंने ये कविताएँ ढूँढ़ने में मेरी मदद की है।

—स्वानंद किरकिरे

नवम्बर, 2017
मुम्बई

क्रम

सवाल ही सवाल हैं
कि सूझती नहीं गली...

रे मीता

रे मीता, चल भागें, चल दौड़ें...
एक गली ना छोड़ें
कच्ची अमिया तोड़ें
चाहे रोकें लोग निगोड़े
रे मीता, ग़म की बाँह मरोड़ें
रे मीता, चल भागें, चल दौड़ें

रे मीता, मैं बंदर, तू भालू
शलजम, कच, कचालू
चल घुटने लहू सना लें
चल गिर-गिर ज़ख़्म लगा लें
रे मीता, बचपन फुंसी फोड़े
रे मीता, ग़म की बाँह मरोड़ें
रे मीता, चल भागें, चल दौड़ें

रे मीता, कटी पतंगें लूटें
जामुन काले-कलूटे
सुन मंदिर घंटी बाजी
चल मिसरी बाँटें आजी
रे मीता, तबड़क तबड़क घोड़े
रे मीता, ग़म की बाँह मरोड़ें
रे मीता, चल भागें, चल दौड़ें

रे मीता, मुनिया बनी लुगाई
खूसट की तेरहवीं आई
रे मीता, दोनों तरफ मिठाई
हमने भी गजब पचाई
सब चुटकुले हँसोड़े
रे मीता, ग़म की बाँह मरोड़ें
रे मीता, चल भागें, चल दौड़ें

रे मीता, चाँद है छत पे उतरा
दूर रो रहा कुतरा
खर्राटे सरगम गाएँ
क्यूँ नींद हमें ना आए

रे मीता, ठंडी चादर छत पे
रे मीता, सपनों वाले रथ पे
अम्बर से चाँदी तोड़ें
रे मीता, ग़म की बाँह मरोड़ें
रे मीता, चल भागें चल दौड़ें...

चाँद की किश्ती

सफ़र सुहाना
चाँद की किश्ती
आज हमारे संग चली
हम जिधर मुड़े, संग वो भी मुड़ी
हम रहे खड़े तो वो भी खड़ी!

ये चाँद की किश्ती बड़ी पुरानी
मेरे हर पुरखे ने देखी थी
मेरे हर पुरखे के बाप की नानी
इस किश्ती को खेती थी...

मैंने पूछ लिया, ओह नानी सयानी
तू चाँद को लेकर कहाँ चली?
वो कहने लगी—
तेरे पोते के छोटे बेटे के
पड़पोते से मैं मिलने चली...

सफ़र सुहाना
चाँद की किश्ती
आज हमारे संग चली
हम जिधर मुड़े, संग वो भी मुड़ी
हम रहे खड़े तो वो भी खड़ी!

बिन बोले*

बिन बोले, बिन कहे–सुने
बस हाथों में हाथ धरे

चार क़दम, बस चार क़दम
इक साँझ चलोगे साथ मेरे!

गीली हथेली थाम के हम
नब्ज़ों की लय पर डोलेंगे

क़दम–क़दम की ताल मिले तो
मन ही मन खुश हो लेंगे

हर इक शिकायत, ग़म–वम सारे
दो पल को, रख कर के परे...

चार क़दम, बस चार क़दम
इक साँझ चलोगे साथ मेरे!

शब्द हरामी, शब्द कमीने
शब्दों ने सब नष्ट किया

शब्द खिलाड़ी, बड़े ब्योपारी
शब्दों ने सब भ्रष्ट किया

पोंछ के ये शब्दों का मरहम
लेकर अपने ज़ख़्म हरे

चार क़दम, बस चार क़दम
इक साँझ चलोगे साथ मेरे!

मैं हूँ स्त्री, तुम मेरे पुरुष
मैं नर हूँ, तुम मेरी मादा

जो पूरा है वो सपना है
सपना हम आधा-आधा

सदियों से सहमी साँसों में
चलो, थोड़ा-सा हम प्यार भरें

चार क़दम, बस चार क़दम
इक साँझ चलोगे साथ मेरे!

बिन बोले, बिन कहे-सुने
बस हाथों में हाथ धरे...

---

* 2009 की एक कविता जो बाद में 'पीके' फ़िल्म का गाना बनी।

चाँद आवारा

देखो, देखो, ये चाँद भी आवारा
फिरता है यूँ मारा-मारा

कभी आँगन में, कभी देहरी पर, ये झाँक के साथी ढूँढ़ता है
पर बदकिस्मत के आते ही जग सारा पलकें मूँदता है
बिन पतवार की किश्ती लेकर, काली रात का ढूँढें किनारा
देखो, देखो, ये चाँद भी आवारा...

कभी पूनम तो अमासी कभी, ये रूप बदलकर आता है
नित कला नई, नित रूप नया, तरकीबें कई आज़माता है
अब की ज़बान में बोलूँ तो, डेस्परेट है बेचारा
देखो, देखो, ये चाँद भी आवारा...

एक बदरी थी जो इसके संग डुएट-सा गाकर जाती थी
पर हाय वफ़ा की बारिश तो धरती पर कर जाती थी
ये गुमसुम ही तकता बस ख़ुशहाली का वो नज़ारा
देखो, देखो, ये चाँद भी आवारा...

चाँद का कोई हुआ ना होगा, चाँद तो फिर भी सबका है
मन अँधियारे का लालटेन अम्बर में कब से लटका है
इसके रूप की दौलत पर हर शायर ने क़ब्ज़ा कर मारा
देखो, देखो, ये चाँद भी आवारा...

गुलज़ार अठन्नी जेब धरे, इंशा ने ज़मीं पर दे मारा
फ़ैज़ की लाल सियाही में है ये इंक़लाब का हरकारा

चाँद के माथे शिकन नहीं, हम जैसा वो भी बंजारा...
देखो, देखो, ये चाँद भी आवारा...

सुर जो लागा, ऐसा लागा

सुर जो लागा, ऐसा लागा,
जैसे शबद का लागता...
अँखियाँ मूँदे, सुन घट भीतर
अनहद बाजा बाजता...

गेहूँ का बाला खनकता
परस पवन का लागता
गैया आगे पीछे ज्यूँ बछिया रँभाता भागता...
सुर तो ऐसा लागता...

रेहट के आड़े चौताले पे
जल कल-कल सम को भागता...
आधी रात को फसल किनारे, एक खर्राटा जागता
सच्चा सुर है लागता...

सुर जो लागा, ऐसा लागा,
जैसे शबद का लागता...
अँखियाँ मूँदे, सुन घट भीतर
अनहद बाजा बाजता...

मैं निखट्टू, देश निठल्ला

मैं निखट्टू, देश निठल्ला
दिन भर बेमतलब हो-हल्ला
भिखमंगों के राम और अल्ला
ब्योपारी का धरम है गल्ला
टीवी विडियो गेम है चल्ला
जो हार मिले तो झाड़ लो पल्ला
मरा कबीर और मरा रे बुल्ला
यहाँ पे नंगा नाचे दल्ला
करो सियासत काटो सर
बहुत है घर में लल्ली लल्ला
नोट और सिक्कों का रसगुल्ला
खा कर नेता हज को चल्ला
मैं निखट्टू, देश निठल्ला
चले तेरे भरोसे राम और अल्ला!

शायर साहेब, आप भी खूब हैं

शायर साहेब, आप भी खूब हैं
इरादा-ए-मज़बूत हैं
घुटने नहीं टिकते आपके!
आदम हैं या भूत हैं?

हार क्यूँ नहीं मान लेते
अपनी औकात क्यूँ नहीं पहचान लेते?
हंस की चाल में इतराते कौवे
पहले नहीं हैं आप...यहाँ बहुत हैं!

शायर साहेब, आप भी खूब हैं!

आप नहीं होंगे तो कुछ नहीं रुकेगा
आप बन जाओ परबत, पौधा नहीं झुकेगा
ज़रा-सी जान रोतली आपकी
उस संग ये कैसा सुलूक है?

शायर साहेब, आप भी खूब हैं!

नम हो-हो कर नैन कुम्हला ही गए
ख़्वाबों के चमन, ख़्वाबों ही में मुरझा गए
जेब में नहीं है दमड़ी
फटीचर उम्मीदों की लूट है

शायर साहेब, आप भी खूब हैं!

आँसू बेशकीमती होते हैं, सँभलकर खर्चा कीजिए
मुस्कानें फ़ोकट मिलती हैं, सारी लुटा दीजिए
कहाँ से लाते हैं इतनी नेकी?
ईमानदारी के मूत हैं!

शायर साहेब, आप भी खूब हैं!

वो ना आए थे, ना आया ही करेंगे
आप की बेचैनियों में, खुद चैन लेंगे
इसे उनकी ज़िद कहें?
या हुई तुम्हीं से कोई चूक है?

शायर साहेब, आप भी खूब हैं!

वो नहीं आते, रो लो, गिड़गिड़ा लो
वो ना आते जी, कोई दाँव आजमा लो
इश्क़ आपका ऐसा
ज्यूँ बामन के द्वार अछूत है!

शायर साहेब, आप भी खूब हैं!

अब कुढ़न बढ़ने लगी, उन्हीं को कोसने लगे!
खिसियानी बिल्ली के ताऊ, खम्बा नोचने लगे!
वो क्यूँ सुनेंगे आपकी आहें,
वो क्या कोयल की कूक हैं?

शायर साहेब, आप भी खूब हैं!

मत सुनना शायर की, ये कुछ भी कहे
दीवाना इधर-उधर बहे

आप तो अपने मन की करना
बात यही दो टूक है।

शायर साहेब, आप भी खूब हैं!

आप नहीं तो कैसी तन्हाई
कैसी शोहरत क्या रुसवाई!
सन्नाटे के जंगल में
इस जोगी का वजूद है...

शायर साहेब, आप भी खूब हैं!

इन्हें महान बनने से कोई नहीं रोक सका
जोगी खुद को बोल दिया, कोई नहीं टोक सका
गिर गए फिर भी टाँग है ऊँची
बोल दो कि झूठ है!

शायर साहेब, आप भी खूब हैं...

अपने नाम

अपने आप को सूरज-चाँद कहेंगे जी
अब एक कविता हम अपने नाम लिखेंगे जी

शीशे के आगे बैठ के थोड़ा हम भी अब इतराएँगे
और इतराहट से खुश होकर आँखें मूँद मुस्काएँगे
हम खुद को कहो क्यूँ गरियाएँ
वो तो तुम थे जो नहीं आए
चाहे कहो बुरा है अहंकार
हम तो इसे सीखेंगे जी
अब एक कविता हम अपने नाम लिखेंगे जी...

उम्र तो लगभग तय कर ली
बस आधी-पौनी बाकी है
दिन को प्राणायाम करेंगे
शाम ढले तो साकी है
अब बचे-खुचे सारे लम्हे
बस अपने हाथ रखेंगे जी
अब एक कविता हम अपने नाम लिखेंगे जी

ये मत कहना इस अपनी ग़ज़ल से
एक ज़रा उदासी झाँकी है
खुशियों की चुटकी तो हमने
यहाँ पहली दफ़े ही फाँकी है
एक ज़ख्म कहीं होगा जो हरा

हम मुस्कानों से ढँकेंगे जी
अब एक कविता हम अपने नाम लिखेंगे जी

यादों की राहों पे कुछ
गड्ढे हैं और धुआँ भी है
ख़्वाबों की सड़कें भी सुना
यादों-सी तन्हा ही हैं
हम इस लम्हे में जिंदा हैं
क्यूँ आगे-पीछे तकेंगे जी

क्यूँ कच्ची अमिया झर जाए
हम मीठे आम पकेंगे जी

अब एक कविता हम अपने नाम लिखेंगे जी
अपने आप को सूरज-चाँद कहेंगे जी!

खो जाते हैं

चलो आज यहीं इसी ठाँव
खो जाते हैं
मिली आज ज़रा-सी छाँव
सो जाते हैं...

जो नहीं मिला उसे ढूँढ़ रहे
जो मिला, मिला, उसे भूल गए!
एक मिला है ताज़ा घाव
रो लेते हैं...
मिली आज ज़रा-सी छाँव
सो जाते हैं

इधर, यहाँ, सब कहते हैं
बेचो अपने आप को...
बेचो अपनी खुशियों को
बेचो हर संताप को...
हाट लगा है शहर में
बिक जाते हैं...
जो बिके नहीं तो क्या हुआ
दिख जाते हैं...
मिली आज ज़रा-सी छाँव
सो जाते हैं...

मुझ पर है इलज़ाम
जादू-वादू-टोने का
मुझ पर है इलज़ाम
हलाहल पीने का
ज़रा लहू रिसा है आज
पी जाते हैं
ज़रा दूजे के बोझे को
ढो जाते हैं
चलो आज यहीं इसी ठांव
खो जाते हैं

मिली आज ज़रा-सी छाँव
सो जाते हैं
सो जाते हैं
सो ही जाते हैं...

शहर

तुम हो एक शहर, मैं हूँ एक शहर
लाख गलियाँ लाख दर
ख़याल सब तितर-बितर
धुआँ सड़क, धुआँ ही घर
तुम हो एक शहर, मैं हूँ एक शहर

कट चुके हैं सब शजर
पंछियों के सारे पर
चूहों ने दिए कुतर
प्लास्टिक और रबर
मैं हूँ एक शहर, तुम हो एक शहर

चल रहा गुज़र-बसर
थोड़े ख़्वाब ज़्यादा डर
ज़िंदा पैर मुर्दा सर
खिटर-पिटर खिटर-पिटर
भिखारियों को लाँघ कर
कूड़ेदान फाँद कर
इश्तेहार है जिधर
वहीं टिकी नज़र-नज़र
रेडियो चबर-चबर
मैं हूँ एक शहर, तुम हो एक शहर

आ जा मुझसे प्यार कर
अंधी आँखें चार कर
नशा–नशा ज़हर–ज़हर
जनेंगे हम नए शहर
सिफ़र में जोड़ के सिफ़र
मैं हूँ एक शहर, तू है एक शहर

उर्दू की लिखावट

उर्दू है, लिखावट है या लखनऊ की है गली
रखते जुबाँ पे घुल गई वो मिसरी की डली
अक्षर है काला भैंस-सा, कैसे ये कहूँ मैं
लहराती ज़ुल्फ़ जाहिलों को भी लागे भली

उड़ती-सी एक चुनर है उर्दू, परदे में शबाब
उर्दू ज़री का काम है, नाज़ुक है बेहिसाब
नागन है एक काली-सी, बल खा के यूँ चली
उर्दू है, लिखावट है या लखनऊ की है गली

ज़ेरो-ज़बर में नुक़्तों के ज़ेवर से है सजी
है खनक पायलों की जो बुर्क़ तले बजी
उर्दू है शाम अवध की, सोना जो बन ढली
उर्दू है, लिखावट है या लखनऊ की है गली

उर्दू के हुए मीर या ग़ालिब, मजाज़, फ़ैज़
उर्दू के जाल में हैं जाने कितने दर्द क़ैद
हिंदी की जुड़वाँ बहन है, ज़रा लाड़ में पली
उर्दू है, लिखावट है या लखनऊ की है गली

नज़्म नज़ाकत वाली

नज़्म निकल गई हाथ से
काग़ज़ पर जा लेट गई
हमने कहा तू मेरी है
वो नार परायी ऐंठ गई

हक़ जतलाने का ऐब हमें
जाने कब किसने सिखलाया
हम मुट्ठी भींचे चीखा किए
वो तलवे जख़्म कुरेद गई

हम तुकबंदी के शायर हैं
इससे बड़ा कोई सच है भला
बेतुकी बात की बाँदी ये
क्यूँ दिल तक सीधे ठेठ गई

एक दर्द का जुगनू उतरा था
अपने वीराने जंगल में
ये मकड़ी जाल बिछाए थी
ये चट से जा कर चेंट गई

स्याही ये कलम हम लाए थे
काग़ज़ की सेज हमारी थी
बेवफ़ा मगर जिस-तिस के संग
इज्ज़त को मटियामेट गई

ये ज़ेहन जगत का शोर करे
मैं रोकूँ ये घनघोर करे
कोई नई कविता फूटेगी
पिछली तो वक़्त की भेंट गई

ऐ नज़्म नज़ाक़त वाली सुन
अब वर्क़ा ओढ़ के सो जा चुप
तेरी और भी बहनें सोई हैं
आगे-पीछे अरी, पूरी बही

कोमलतम

कुछ करना है कीजे, कीजे...
ना करना है, कुछ ना कीजे
जो सुन्दर है, कोमलतम है, उसे ऐसे मरने ना दीजे...

मैं रहूँ तुम्हारी बातों में,
तुम रहो दिवा के ख़्वाबों में
होने पर ना होने पर
दो नयन रहें भीजे-भीजे...
जो सुन्दर है, कोमलतम है, उसे ऐसे मरने ना दीजे...

मैं खुशी चुनूँ, तुम खुशी चुनो
सब अपने-अपने दिल की सुनो
खुशियों की पोटली भरे जब भी...
वहाँ दर्द को ज़रा जगह दीजे...
जो सुन्दर है कोमलतम है, उसे ऐसे मरने ना दीजे...

बातें हैं मन की, मन से सुनो, ये ज़ेहन बड़ा ही ज़हरीला
मुश्किल है मेल, जहाँ सोच खड़ी
एक अहम् भी है ऊँचा टीला
दिल में चिंगारी रूमानी, एक पल तो उसे हवा दीजे
जो सुन्दर है कोमलतम है, उसे ऐसे मरने ना दीजे...

जी

ये किस चक्कर में फँस गया जी
कल उड़ा था अब फिर धँस गया जी

वो प्रीत की नागन जहरीली
गुज़री तो जा उसे डँस गया जी

फिरा बेगानों को अपनाता
ख़ुद से मिलने को तरस गया जी

आज़ादी रेशम का शिकंजा
ख़ुद ही ख़ुद पे कस गया जी

पहली बार तो ऐसा हुआ
बेचारा टस से मस गया जी

जो गया तो रुसवा ऐसा हुआ
बर्बाद तहस–ओ–नहस गया जी

नाइंसाफ़ी के इस आलम में
इतना रोया के हँस गया जी...

समय

आने का होता है
जाने का होता है
समय होता है...

होने का होता है
खोने का होता है
समय होता है...

रोने का होता है
हँसने का होता है
समय होता है...

जीने का होता है
मरने का होता है
समय होता है...

शायर बाबू

खुली ज़िंदगी के गीतों को
डर डर कर वो लिखता है
ये शायर तो कचहरी के बाबू जैसा दिखता है...

हर लफ़्ज़ पे पहरेदार जो है
हर सोच-समझ पे पाबन्दी...
मत लिखो यार तुम सच क्या है
बस लिखो वही जो बिकता है।

गीत कोई दवा है क्या?
जो दर्द को राहत दे जाए...
गीत तो एक चीत्कार बड़ी
जिसे दर्द हुआ वो चीखता है

ना, नहीं काँच का मेरा ज़मीर,
जो गिर जाए तो टुकड़े सौ...
मेरा सोल प्लास्टिक है यारो...
अनब्रेकेबल है, टिकता है!

गीतों की दुकान

गीतों की दुकान है
ख़्वाबों का सामान है
काग़ज़ का मकान है
सियाही पहचान है
आ जाओ जी

ग़म हो सुकून देंगे
मुस्कानों का मोल लेंगे
शब्दों के पंख देंगे
उड़ जाओ जी...
गीतों की दुकान है
आ जाओ जी...

प्यार की बीमारी लगे
दिल बोझा भारी लगे
जीना दुश्वारी लगे
लफ़्ज़ गुलाबी देंगे
आजमाओ जी...
गीतों की दुकान है
आ जाओ जी...

मुझे गुम कर दे

कोई गुम कर दे, मुझे गुम कर दे...
अब क्या देखूँ, क्या दिखलाऊँ...
मैं हर इक इबारत सिफ़र बनूँ
मैं ख़ुद ही ख़ुद से घट जाऊँ
मैं भरी हुई-सी झोली हूँ
क्या करूँ की फट से फट जाऊँ
इस भूल-भूलैया के सिरे ना ढूँढ़ूँ
बेहतर है, भटक जाऊँ!
कोई गुम कर दे, मुझे गुम कर दे...
अब क्या देखूँ, क्या दिखलाऊँ...

ड्रामे की खाज

खेल खतम—तालियाँ हज़म!
अँधेरों में हमने रंग बिखेरे...
लाखों रंग सजा लिये चेहरे...
ढोल बजाए, गीत भी गाए...
जीवन को कुछ स्वाद तो आए...

बंजर मन में डाली खाद!
ख़यालों को किया आबाद!

हम नाटक वाले पाँच या सात...
बस इतनी ही थी अपनी औक़ात!

अब जाने की बेला है!
अँधेरे बुझा दो सब...
फिर खेल नया लाएँगे जी!
क्या कहें कि बोलो अब या तब?

कही-सुनी मुआफ़ करना...
मन में कोई रंज ना धरना...

जो भली लगे तो अपनी थी!
जो बुरी थी सब समाज की...

ताली मारो, सीटी मारो...तारीफ़ करो अंदाज़ की!
इसकी माकी 'बीप' बजाए...इस ड्रामे की खाज की...

ग़ुस्सा !

मैं खुश हूँ कि मैं ज़िंदा हूँ
आज जुनून गज़ब छाया है
आज लहू कुछ उबल रहा है...

आज मुझे ग़ुस्सा आया है!

मैं नाखुश हूँ तुमसे
और तुम से ज़्यादा खुद से!
आज चुभी है सच की सुई
खुद पर बहुत तरस खाया है...

आज मुझे ग़ुस्सा आया है!

सब विडियो गेम के गुड्डे गुड़ियाँ
किसकी उँगली पर नाच रहे?
उनकी पसंद के कपड़ों से, अपने तन को ढाँक रहे!
कार्टून के चूहे ने, साले ने,
जेब मेरी को कुतर खाया है

आज मुझे ग़ुस्सा आया है!

मुझे लूटना है तो लूट ही लो, बच्चों पे ज़रा तो तरस खाओ
दिखला के खिलौने बेचते हो
बर्गर, कोला, तुम मर जाओ

रंगीन काग़ज़ों में लिपटा मैंने रोज़-रोज़ ज़हर खाया है

आज मुझे ग़ुस्सा आया है!

क्रेडिट कार्ड हैं कूल बड़े, सूद सहित जेबों में पड़े
पास नहीं फूटी कौड़ी
फिर भी नवाब हैं अकड़े खड़े
सूट-बूट में साहूकार, सुन लो, लौटकर फिर आया है

आज मुझे ग़ुस्सा आया है!

नेता साले चोर हैं सब
बात बड़ी है ग़ौरतलब
पढ़ा-लिखा मैं कोस रहा
अनपढ़ शासन चुन लाया है

आज मुझे ग़ुस्सा आया है!

भला भूलो

भला भूलो, बुरा भूलो...
कल तो कल था, टला, भूलो!

आने वाला कल भी कल को
कल बनेगा, यूँ ना फूलो!
आज, अब, अभी तो जी लो
कल और कल में काहे झूलो!

भला भूलो, बुरा भूलो...

धूल सारी साफ़ कर दो
साफ़ दिल से माफ़ कर दो
कल हुआ व्यापार कल का
कल से क्या चुंगी वसूलो!

भला भूलो, बुरा भूलो...

एक तो भगवान था जो आया था दहेज़ में
एक वो शैतान साला था बसा परहेज़ में
तुम ही हो सब देव-दानव
खुद के ही तुम पाँव छू लो!

भला भूलो, बुरा भूलो...

ये जो है ना ज़ेहन मेरा
मैमोरी की चिप-सा है
यादें और सपनों का मंज़र
एक विडियो क्लिप-सा है

आगे-पीछे, पीछे-आगे
जोड़ता जाता मैं धागे
और सिस्टम स्लो हुआ तो
झुक गया मैं डर के आगे!

डर का अफ़सर मन कचहरी
रिश्वतों ने जान ले ली
डर से डरना छोड़ कर तुम
हो निडर बेफ़िक्र भूलो!

भला भूलो, बुरा भूलो...

कल तो कल था, टला, भूलो!

आत्मकथन

बन रहा होता हूँ, बिगड़ रहा होता हूँ
बस रहा होता हूँ, उजड़ रहा होता हूँ
कितना-कितना हँसता हूँ, कितना-कितना रोता हूँ...

जब मैं गीत लिख रहा होता हूँ!

झूठे किस्से कई, मन गढ़े से लिये
सूखी ऋतुएँ कई, पतझड़ें-सी लिये
गीली लकड़ी-सा मैं सड़ रहा होता हूँ
बेतुकी बात पर, दिन पर या रात पर
भर दोपहरी में मैं अड़ रहा होता हूँ
लफ़्ज़ बुनता हुआ, ख़याल चुनता हुआ
अनजानी-सी राह पर, बढ़ रहा होता हूँ!
बन रहा होता हूँ, बिगड़ रहा होता हूँ
बस रहा होता हूँ, उजड़ रहा होता हूँ
कितना कितना हँसता हूँ, कितना-कितना रोता हूँ...

जब मैं गीत लिख रहा होता हूँ!

मैं सनक जाऊँगा, मुझसे दूर ही रहो
मैं बहक जाऊँगा, चुप रहो, चुप रहो
मैं कलाकार हूँ, मैं ही सरकार हूँ
तुम्हारे दुख में, ख़ुशी में, मैं मददगार हूँ
एहसानों की बड़ी एक गठरी लिए

हर एक माथे पे, मैं चढ़ रहा होता हूँ
बन रहा होता हूँ, बिगड़ रहा होता हूँ
बस रहा होता हूँ, उजड़ रहा होता हूँ
कितना कितना हँसता हूँ, कितना-कितना रोता हूँ...

जब मैं गीत लिख रहा होता हूँ!

गीत तैयार है, तुक बँधे ना बँधे
ना समझ आए तो, सुन लो तुम हो गधे
घोड़ा ताँगे का नहीं, हर किसी से सधे
चार जुमले क्या लिखे, कुछ सुने-अनसुने
अकड़ रहा होता हूँ, झगड़ रहा होता हूँ
बन रहा होता हूँ, बिगड़ रहा होता हूँ
बस रहा होता हूँ, उजड़ रहा होता हूँ
कितना-कितना हँसता हूँ, कितना-कितना रोता हूँ...

जब मैं गीत लिख रहा होता हूँ!

इब्ने इंशा

हम इंशा जी के चेले हैं
हम जोगी हैं बैरागी हैं
हम प्रीत प्रेम के प्यासे हैं
हम फ़ितरत से अनुरागी हैं

इंशा की लय पर लिखते हैं
कुछ उनकी तरह ही दिखते हैं
इंशा की तरह हम प्रेमी हैं
इंशा की तरह हम बाग़ी हैं

है चाँद से अपना याराना
है मन में उसका आना जाना
जिस शै से हमारा दिल है लगा
वो चाँद चाँद कहलाती है

हज़ारों रातें चाँद हज़ार
हर शब है मोहब्बत का बाज़ार
हम जीते हैं अजी ऐसे ही
हमें चाँद लगन जो लागी है

इस शब का चाँद तो आधा है
इसे कम कह दें या ज़्यादा है
इस चाँद के आगे पूनम है?
या आगे इसके अमासी है?

हम अंधी शब में जी लेंगे
हम मन में चाँद दरस लेंगे
हम इंशा जी के चेले हैं
हमें कविता गढ़नी आती है

इंशा जी, कविता जीवन है?
या जीवन कविता है, कह दो
ये जो भी है इसे जी लो जी...
जिसे जैसी समझ में आती है

बड़ा ध्यान लगा कर हमने सुनो
जीवन की कविता बाँची है
अपने घर नौ मन तेल है जी
अपने दर राधा नाची है।

मन का गधा

इस पल की या लम्हे भर की, क्या औक़ात करो
सब कहते हैं छोटी है ज़िंदगी, तुम लंबी बात करो।

अजब तमाशा है ये ज़िंदगी, ख़ुद ही ख़ुद से लड़ो
एक ख़याल से एक ख़याल को, शह दो मात करो।

वक्त नहीं है सोना-वोना, बनियों-सी ना बात करो
वक्त तो है जागीर मुफ़्त की, नाहक बरबाद करो!

मन तो गधा है, थेथर है, इसे क्या समझा के मरो,
खेत बाप का, घास चचे की, जब जहाँ करे दिल, चरो।

हवा का झोंका

फिर वो पागल हवा का झोंका
दिल को मेरे गुदगुदा गया

तू थाम मुझे, ज़रा जकड़ मुझे
फिर कानों में खुसफुसा गया

अब हवा के झोंकों के नखरे
सब जानते हैं, क्या कहें नया

जो बिफरा तो तूफ़ान बना
और दिल का मकाँ यूँ ढहा गया

सौ बार गिरे हैं मुँह के बल
फिर भी हमसे ना रहा गया

हमें बहती हवा से उल्फ़त है
वो जिधर गई, दिल वहाँ गया

खामखा

हम तो वैसे ही रहे, उम्र बढ़ गई खामखा
कल तलक तो बेटे भतीजे थे, अब चचे बन गए खामखा

ये वक़्त कहाँ से आता है, ये वक़्त कहाँ को जाता है...
घड़ी की सुइयाँ गोल ही घूमें तारीख क्यूँ बदले खामखा!

आँखे धुँधलका ओढ़ गईं पर ख़्वाब मियाँ रौशन-रौशन
ऐनक ने जरा राहत क्या दी, फिर नज़र लड़ गई खामखा

बाल पके और दाँत गिरे पर दिल ये नहीं बासी होता
हर रोज़ किसी एक ख़्वाहिश पर ये जा मरता है खामखा

जो किया बड़े ही जतन से किया, क्या पाया-खोया, गिला नहीं
क्यूँ ये ख़याल फिर भी आए, साली गुज़री लाइफ ख़ामख़ा

ज़िंदगी आज का मंज़र है जो कल है वो है खामखा
कल मरना ही है खामखा तो अब जी जाओ ना खामखा।

कहानी

जिसने सुनी थी जैसी कहानी
वैसी कटी उसकी ज़िंदगानी

राजा, रानी, डायन कानी
चोर, सिपाही, जंगल, प्राणी
राम, सिया जादू का दीया
सत-असत कवियों की बानी

तंत्री-जंत्री, कुटिल से मंत्री
कौवा-भेंगा, चिड़ी सयानी
जादू-टोना, काला सोना
बुद्ध शांत, रावण अभिमानी

सुपर, स्पाइडर, बैट मैन या
छोटा भीम की प्रीमेच्योर जवानी
गांधी, नेहरू, भगत सिंह
सुभाष चंद्र, टाटा, अंबानी

हिन्दुस्तानी, इंग्लिशतानी
चीनी, अरबी, पाकिस्तानी
जोहर, कश्यप, रे, फेलिनी
चोपड़ा, अकीरा, जोया, हिरानी

जिसने सुनी थी जैसी कहानी
वैसी कटी उसकी ज़िंदगानी।

बातें

बातें, बातें वो तुम्हारी बातें...
कितनी सारी बातें, सारी प्यारी बातें!

वो लड़खड़ाती बातें
वो डगमगाती बातें
वो रौशनी जो दिल में कर दे
जगमगाती बातें...

वो सर्द-से रिश्ते में छिड़ी उफ़ गरम-सी बातें,
लिहाज़ की चौखट पे खड़ी बेशरम सी बातें

बेतुकी, ना सर, ना पैर, पंख लगी बातें
मखमली-सी रेशमी, पर डंक लगी बातें

बातों से बचती हुईं इधर-उधर की बातें
फ़िकर की उँगली थामे, चली बेफ़िकर-सी बातें

वो जानकार बेशुमार धारदार बातें
कभी गँवार और कभी बड़ी होशियार बातें

वो ज़ख्म देती बातें
मरहम लगाती बातें
वो बातों ही बातों में
बातें बनाती बातें

यादों का बोझ लादे चलीं
ख़्वाबों वाली बातें
जवाबों के साए में पली
वो सवाली बातें

आँसुओं की बारिश में खिलखिलाती बातें
उम्मीद के सूखे में कहीं झिलमिलाती बातें...
तुम तुम्हारी बातों में
मैं भी तुम्हारी बातों में
ये रुक ना पाएँ बातें...

घुप्प काली रातों में
खुसफुसाती साँसों में
रखें जगाए बातें...

बातें बातें वो तुम्हारी बातें
कितनी सारी बातें...सारी प्यारी बातें!

कविता तो ऐसे चलती है...

ज़ेहन के ऊँचे पहाड़ों से
भड़भड़ा के वो निकलती है
बेबाक उछलती फिसलती है
ख़ुद ख़ुद से नहीं सँभलती है
कविता तो ऐसे चलती है

जब बर्फ ख़यालों की पिघले
ये धार बनी थोड़ी मचले
शैशव से टेढ़ी चाल चले
यौवन तो क्या ही करोगे सहन
मन गंगोत्री की गंगा ये
उद्‌गम पे ही मैली मिलती है
कविता तो ऐसे चलती है

ना, बम–भोला में शिव तो नहीं
भयभीत भाँग का भंगेड़ी
ये सर्प हलाहल क्या होवे
मैं जानूँ बस साँप और सीढ़ी
99 पे जैसे साँप मिले
दुर्भाग्य के जैसे ढलती है
कविता तो ऐसे चलती है...

ये बाढ़ ख़यालों की है चली
ये शब्द हैं बहते बेकाबू

इसे तीरथ–वीरथ ना कहना
मत ख़ुद को समझ लेना साधु
ये प्रसव वेदना कुछ कर लो
एक नश्वर जीव ही जनती है
कविता तो ऐसे चलती है...

हाथ का लिखा

(अच्छी लिखाई को समर्पित)

हाथ का लिखा
बोले दिल की कथा
कहने से ज़्यादा कहे
हाथ का लिखा

अक्षर है क्या
निरे चित्र ही तो हैं
अपने ख़यालों के वो
मित्र ही तो हैं
अक्ल ये ज्ञान सारा
लागे रे फ़ीका
गर सोच जैसा साफ़ ना हो
हाथ का लिखा

कुछ लिखें ऐसे जैसे
कीड़े मुंगी छोड़े
जान के प्यासे
इक दूजे पीछे दौड़े

तुम लिखो चुनर पे
ज़री के सरीखा

रूह को जैसे अभी
आईना दीखा

आत्मा का रूप है ये
हाथ का लिखा
कहने से ज़्यादा कहे
हाथ का लिखा

मैं भी पूरा येड़ा
क्या-क्या कैसे-कैसे सोचूँ
दुनिया लिखे
मैं क्या-क्या कहो पोछूँ
क्या करूँ कि ज़िंदगी से
यही है सीखा
तू जैसा वैसा तेरे
हाथ का लिखा

हाथ का लिखा
बोले दिल की कथा
कहने से ज़्यादा कहे
हाथ का लिखा।

तुम मुझे उतना ही जानते हो

तुम मुझे उतना ही जानते हो
जितना तुम ख़ुद को पहचानते हो...
तुम मुझे उतना ही पहचानते हो
जितना तुम ख़ुद को जानते हो

सूरज डूबता नहीं...धरती घूम जाती है...
अपनी समझ में कितनी गाँठें बाँधते हो
तुम मुझे उतना ही पहचानते हो
जितना तुम ख़ुद को जानते हो

रंगोली के रंगों से पूछो
हदों में जीने में कितना मजा है
पंखे की हवा से पूछो
क़ैद में रहना कैसी सज़ा है...

गेंद को उतना ही उछालते हो
कि फिर झेल सको
लहू को उतना ही उबालते हो
कि जिन्दा रह सको...
जो कर सकते हो वही तो ठानते हो...
तुम मुझे उतना ही पहचानते हो
जितना तुम ख़ुद को जानते हो

तुम मेरे बारे में उतना ही जानते हो
जितना तुम ख़ुद को पहचानते हो...

माज़ी के ज़ख्म

माज़ी के ज़ख्म
खरोंचता बैठा
ज़ेहन सोचता बैठा
दर्द पाने का
शौक़ इतना कि
ख़ुद ही को च्यूँटियाँ कचोटता बैठा

वो चल दिए लहरों से लड़ने
किश्तियाँ लेकर
मैं मौसमों को कोसता बैठा
हाय रे मैं, हाय दुनिया,
उ.फ़ समय
बहुत कारण थे
मन मसोसता बैठा!

कहानियाँ जो कही जा चुकी हैं...

कहानियाँ जो कही जा चुकी हैं
कहानियाँ जो कहना बाकी हैं
इन दोनों के बीच में मैं हूँ
समझ मेरी आधी है...

डर कुछ कहने का
अपने अल्फ़ाज़ सहने का
ख़्वाबों की भीड़ लगी है दुकानों में
और ये आशा बहुत थकाती है...

बीमार समय की नब्ज़ को देखूँ
या सुनूँ उस नवजात की मासूम धड़कन को
आदमी के लालच की लपलपाती जीभ
ज़ेहन को गुदगुदाती है, बहुत हँसी आती है...

धुएँ-धुंध में, प्रदूषण में
दीवाली भी आती है, ईद भी आती है
आदम-हौवा की जात उन्हीं पुराने गीतों को
नई-नई धुनों में गाती है
पीढ़ियाँ आती हैं, पीढ़ियाँ जाती हैं
और ऐसे में
कहानियाँ जो कही जा चुकी हैं
कहानियाँ जो कहना बाकी हैं
इन दोनों के बीच में मैं हूँ...समझ मेरी आधी है...

अजब तेरी करनी मौला*

अजब तेरी करनी मौला
अजब मेरी भरनी मौला
बखत की लय पे देखो झूले, झूले जीवन हिंडोला...

शहर अकेला है लाख हैं गलियाँ
मंज़िल तो दिखती राह ना मिलियाँ
धूप का छाँव का जाल पसारा है
आस को सींचा तूने...ख़्वाब को मारा है
गम को ख़ुशी को एक काँटे पे न तौला...

मौला...

साँसों का रेला चलता ही जाए
दिल ये धड़कने से बाज़ ना आए
मन के चाँद पे बदरी ख़यालों की
नंगे ज़ेहन पे है बरखा सवालों की
कल का वो ताला तूने कल ही है क्यों खोला

मौला...

---

* यह गीत फिल्म 'स्ट्राइकर' में इस्तेमाल हुआ है।

जीवन को क्या नाम दूँ

बाहर बारिश
भीतर बिजली
बातें कर दो
अगली-पिछली...

जीवन को क्या नाम दूँ बोलो
साँसें गईं और साँसें निकलीं

बहे हवाएँ सायें सायें
तन्हाई ने करवट बदली
थक कर सोई है कहाँ पे
रंगीले ख़्वाबों की तितली

बाहर बारिश
भीतर बिजली
और उम्मीदें
दुबली-पतली...

जीवन को क्या नाम दूँ बोलो
दोनों झूठे असली-नकली...

दाँत दर्द की कविता

अर्थ के अनर्थ होवै
गर्मियाँ भी सर्द होवैं
समझ सारी व्यर्थ होवै
जितना जो भी मर्द होबै
अकड़ सारी गर्द होवै
दाँत में जब दर्द होवै

देवता सब याद आवैं
कुछ नहीं फिर रास आवै
अप्सरा भी पास आवै
यूँ लगे संत्रास आवै
मंदिर होवै चर्च होवै
साधु भी खुदगर्ज़ होवै
दाँत में जो दर्द होवै

ये समाधि की स्थिति है
सुख की दुःख की ये इति है
ज़िंदगी का सार है ये
धाम पूरे चार हैं ये
लावा या के बर्फ़ होवै
सब यहाँ कमज़र्फ होवै
दाँत में जब दर्द होवै

मेरी अपनी ये व्यथा है
ये न समझो बस कथा है
मुँह जो टेढ़ा देखो मेरा
मत समझना ये अदा है
अफ़सरों के क्लर्क होवै
स्वर्ग सारे नर्क होवै
दाँत में जब दर्द होवै

इससे तो अच्छा ही होता
बन सिपाही गोली खाता
मुल्क के कुछ काम आता
चाबी मैंने बस तमाखू
हाय रे मन कैसा तू डाकू
तेरा बेड़ा ग़र्क़ होवै
पूरा बेड़ा ग़र्क़ होवै
दाँत में जब दर्द होवै।

बापू पे ज़रा विश्वास करें

गुस्सा ज़ाया हो जाएगा
भीतर से तुम्हें खा जाएगा
तरकीब नई एक आज करें
ग़ुस्से से परे कुछ काज करें
उठो किरकिरे आलस झाड़
बदलाव का आगाज़ करें
लफ़्ज़ों-हर्फों को छुट्टी दें
ना भाषा की बकवास करें

कुछ गलत है कहीं तो वो हो तुम
चलो बिना किसी पे दोष धरे
शायर होना बात भली
पर कविता से होनी ना टली
जब खुद बदलो तब जग बदले

बापू पे ज़रा विश्वास करें

बता ज़िंदगी क्या जुगाड़ है?

आने वाला कल उजाड़ है
पीठ पे अरमानों का पहाड़ है
साँसें महँगी पड़ जाएँगी, क्या पीएँगी क्या खाएँगी
खुद का जरा भी कुछ ख़याल है?
बता ज़िंदगी क्या जुगाड़ है?

अख़बार में लफ़्ज़ छपे आशा के
इश्तेहार रंगीन बने भाषा के
टूटे सपने याद बने, ज़ेहन यादों का कबाड़ है
बता ज़िंदगी क्या जुगाड़ है?

चल कर लें बातें हम भी दो टूक
चल चुरा लें अपने हिस्से का सुख
चल मढ़ दें किसी पे अपना सब दुख
कोई टोके, कह अपना ब्योपार है
वरना तो उम्र-भर बस तिहाड़ है
बता ज़िंदगी क्या जुगाड़ है?

माफ़ करो ये मेरी उदासी
निकल-निकल आती है खासी
क्या करूँ कि दिल में थोड़ा प्यार है
है फ़िक्र ज़रा कुछ डर सवार है
कट जाए सुकूँ से, ये दिन जो चार हैं
बता ज़िंदगी क्या जुगाड़ है?

मेरे मैं

यहाँ-वहाँ...दूर-पास
भीतर, बाहर, धड़कन, श्वास
मेरे मैं, तुझे किसकी तलाश?

फूल हैं...पौधे हैं...
तितली-भँवरे, पीपल, पलाश
पाया मधुमास...खोजे संत्रास
मेरे मैं, तुझे किसकी तलाश?

संवेदना-वेदना, भूख-प्यास
प्रेम-प्यार, रचना, विनाश
खोया सब पर, क्यों ना खोए
कुछ अब भी मिलने का विश्वास
मेरे मैं तुझे किसकी तलाश?

हिंसा-शांति सब एहसास
क्षण-क्षण करते वर्ष और मास
बचपन, यौवन, वृद्ध, युग बीते
पलना, सेज, चिता, लाश
ऐ रे, मेरे मैं
तुझे किसकी तलाश?

कहानी की कहानी*

काम हुआ है शुरू
कहानी अपनी चाल से चलेगी
मैं लाख करूँ सब तय
वो साली अपने मन की करेगी...

कहानी बनेगी तो
कुछ कहेगी
जो भली हुई तो रहेगी
तुम बच के रहना गुरू
कहानी दोष तुम्हीं पे धरेगी
कहानी खुद के साँचे में ढलेगी
किरदार करेंगे मनमर्ज़ी
नए-नए रंग दिखाएँगे
तू खाल पे करना काम
वो कपड़े खुद के पहन आएँगे
तू रौब जमाना चाहेगा
वो अपनी नाक अड़ाएँगे
कहानी एक बरगद का तरु
कहानी शाख-शाख पे मिलेगी
कोयल, कौवा
चिड़ी, ततैया
जाने क्या-क्या बन के उड़ेगी

ओह, लेखक सुन,
ये लीच कहानी
तेरे खून पर पलेगी...
तुझे बड़ा शौक है सुनाने का
वो घंटा तेरी सुनेगी!

---

* कहानियाँ कैसे व्यवहार करती हैं? एक लिखने का प्रयास करें तो आप एक कविता पर ख़त्म करेंगे।

मैं आसान-सा आदमी

मैं आसान-सा आदमी
जीना चाहूँ आसानी से
माँग बड़ी आसान है मेरी
मत देखो यूँ हैरानी से...

आसानी से साँसें लूँ
आसानी से खा लूँ कुछ
आसानी से प्यास बुझा लूँ
मैं निर्मल बहते पानी से
मैं आसान-सा आदमी
जीना चाहूँ आसानी से

क्यूँ करूँ फरेब मैं, चोरी क्यूँ
क्यूँ जिंदा रहूँ बेईमानी से
जीवन है कठिन, जीवन है जटिल
बस भर गया मन इस कहानी से
मैं आसान-सा आदमी
जीना चाहूँ आसानी से

मुश्किल लफ़्ज़ सियासत है
कुछ लोगों की ये ताक़त है
तू मुश्किल जी, किस्मत पे रो
डर-डर जा मेरी मनमानी से

मैं आसान-सा आदमी
जीना चाहूँ आसानी से

क्या मुश्किल है बतलाओ
ये जमीं-आसमाँ मेरे हैं
क्या मुश्किल है समझाओ
मेरे हक पे उनके पहरे हैं
सब सीख के भी इंसां शातिर
सब भूल गया आसानी से
मैं आसान-सा आदमी
जीना चाहूँ आसानी से

जीवन को जंग बना कर छोड़ा
जो जीते नहीं तो मर जाओ
प्यार भी पॉवरफुल को मिलेगा
तुम ले लो हिकारत, घर जाओ
ईमानदारी अन-कूल बड़ी
यों कूल तो केवल मनी छे
मैं आसान-सा आदमी
जीना चाहूँ आसानी से

ना, रोना मेरा काम नहीं
सिसकी में ज़रा आराम नहीं
लालच को अक्ल का साथ मिला
इस धरती का दुर्भाग्य यही
मैं ख़ुद को बदल लूँ, बस, ख़ुद को
दुनिया बदलेगी आसानी से
मैं आसान-सा आदमी
जीना चाहूँ आसानी से

रुक जाएगी बात

तुम आओगे, हम आएँगे
सितारे झिलमिलाएँगे
जैसे यहाँ रुक जाएगी बात...

सूरज होगा, धूप होगी
छाँव हम सजाएँगे
जैसे यहाँ रुक जाएगी बात...

प्यार होगा, तक़रार होगी
रोएँगे, मुस्कुराएँगे
जैसे यहाँ रुक जाएगी बात...

पैसा होगा, ग़ुरबत होगी
कमाएँगे-गवाएँगे
जैसे यहाँ रुक जाएगी बात...

लम्हा-लम्हा निभाएँगे
जिएँगे, मर जाएँगे
जैसे यहाँ रुक जाएगी बात!

चुनाव का मौसम

थक गया है मन
थक गया ज़ेहन
चुनाव का मौसम...

कौन सच, कौन झूठ
किसका कितना है रसूख
कथनी-करनी, रहन-सहन...
चुनाव का मौसम...

इसका उस पे वार
उसका प्रतिकार
मैं-मैं-मैं-मैं, और माँ-बहन...
चुनाव का मौसम...

दूँगा ये, दूँगा वो, देने के बस इश्तेहार
लेने का कारोबार
लूट लो चमन...

चुनाव का मौसम
मेरे पास कुछ तो है
जो इतना ये रिझा रहे
शोरगुल मचा रहे
मैं वोट, मैं वतन
चुनाव का मौसम!

अपने चित बेकल बेसुध को

अपने चित बेकल बेसुध को
अब हम जान गए हैं खुद को

हर पल हिय में एक चिनगारी
इच्छाओं की लपटें भारी
अपने हठ को इस अद्‌भुत को
अब हम जान गए हैं खुद को

साँसें गिन-गिन कर भरते हैं
करनी कर-कर के डरते हैं
कैसे वश कर लें हर सुख को
अब हम जान गए हैं खुद को

मृत्यु अन्त है, तय है होना
हर दिन मातम, हर दिन रोना
कोई तो हँसाओ मूर्ख मनुख को
अब हम जान गए हैं खुद को

हमें चलते ही रहने दो...

किनारे हमें डराते हैं
हमें मझधार में बहने दो...

हमें रुकने से डर लागे
हमें चलते ही रहने दो...

किनारों पर तमाशाई
हर एक के बीच अनबन है...

कि आगे कौन जाएगा
खड़े सब यूँ ही बन-ठन हैं

जो बहते हँसते-गाते हैं
हमें बस गीत रहने दो...

हमें रुकने से डर लागे
हमें चलते ही रहने दो...

किनारों पर तो पत्थर के
छोटे-बड़े नशेमन हैं...

अपनी हैसियत के मकानों में
बैठा क़ैद जीवन है

जो चलते दुनिया पाते हैं
हमें चिल्ला के कहने दो

किनारे हमें डराते हैं
हमें मझधार बहने दो...
हमें रुकने से डर लागे
हमें चलते ही रहने दो...

मेरी दुनिया सोच रही है...

मेरी दुनिया सोच रही है
ना के खंभे नोच रही है
बदल रही है तिल-तिल कर के
मत समझो, बेहोश रही है

लाख खिड़कियाँ नई खुली हैं
घर में जो, सब दिखता बाहर
किस कोने में, कौन-सी बिल्ली
किस चूहे को दबोच रही है

बदलाव नहीं कोई फिल्म का मंजर
एक ही 'कट' में सच हों सपने
जख्म भरेंगे धीरे-धीरे
घाव हो या कि खरोंच रही है

इंसाफ यहाँ पर हो के रहेगा
जीतेगा, तय है इन्सां
तवारीख़, अपने अश्कों से,
इतिहासों को पोंछ रही है

मेरी दुनिया सोच रही है...

कुछ कहने को दिल करता है

कुछ कहने को दिल करता है
पर कहने को कुछ बात नहीं
उलझे हैं खयालों के धागे
एक सिरा भी मेरे हाथ नहीं

इस मनमानी के आलम में
मेरे मन की क्या औक़ात
जो टपका लबों से लफ़्ज़ सही
जहाँ कदम बढ़े वो राह सही

दड़बे में मुर्गे हैं सारे
सब, सब पर छुरियाँ चलनी हैं
पर दड़बे में लड़ मरते सब
ये छुरी गलत, ये छुरी सही

क्यों चीखता है बे असन्तोषी
क्या बुरा हुआ है, बता ज़रा?
मैं बहस करूँ क्या उनसे कहो
जिन्हें खुद का भला भी याद नहीं

कुछ कहने को करता है दिल
पर समझा हूँ बस इतना ही आज
वहाँ चुप रहना ही बेहतर है
जहाँ समझ की कोई बुनियाद नहीं

शब्द

शब्द मेरे हथियार नहीं
शब्द तो बस बैसाखी हैं
शब्दों से आगे रखा है सब
जो कहना-सुनना बाक़ी है

शब्दों से शुरुआत हुई
शेष किया शब्दों ने मुझे
दो शब्दों के बीच झरोखा
वहीं से कविता झाँकी है

तुम शब्दों पे मत जाना
शब्द फ़रेबी ठग लेंगे
तुम मेरी चुप्पी सुनना
वो गीत हृदय के गाती है

एक बार को बस आना
गुमसुम मेरे वीराने में
इक पत्थर पर अकेली बैठी
प्रीत मेरी रुआँसी है...

दिल की कही

जो दिल की कही तो कह डाली
अब सोच-सोच क्या पाएगा

कुछ उसका दिल भी बोलेगा
वो आएगा, ना आएगा
जो आया तो होगी बात ग़ज़ब
ना आया, दिल कुम्हलाएगा
इस हासिल-बेहासिल में कहीं
कोई गीत तो साँसें पाएगा

जो दिल की कही तो कह डाली
अब वापस ना ले पाएगा।

गीत कहाँ है

गीत कहाँ है अब यहाँ
गीत जैसा कुछ है
कविता कहाँ है, छंद है कुछ
कुछ शब्दों का कौतुक है

एक तुम हो जो खुश हो हर बात पे
एक मैं हर बात पे उदास
सब नाच रहे झूठी रौशनी में
मुझे अन्धकार का सुख है

भयभीत रहो, भयभीत जियो
सत्ता भय की चारों ओर
क़ैद है मन किसी पाश में
नाइंसाफी क्या घनघोर

सब ग़ुलाम हैं, सब मालिक
सबके हाथ चाबुक है
गीत कहाँ है अब यहाँ
गीत जैसा कुछ है

मीडिया

इन्द्राणी ने सैंडविच खाया
औरंगज़ेब आज शरमाया
और कलाम की रूह ने आख़िर
सड़क पे जा के नाम कमाया
सब साले कन्फ्यूज़्ड खड़े हो
हिन्दू-मुस्लिम न्यूड खड़े हो
बुरक़े में जो कुछ था छुपाया
शार्ट स्कर्ट में सब है लुटाया
कुछ नुक़सान हुआ क्या बोलो
हुआ फ़ायदा किसका कहो
मेरी खरी, तेरी खोटी में
पैसा खा, पैसा सुस्ताया
इसके आगे क्या मैं बोलूँ
लावा बहुत है कितना उगलूँ
मैंने जितना चाहा था बस
उतना ही है मैंने पाया
हिन्दुस्तानी बोल रहे हैं
सारे ज्ञानी बोल रहे हैं
चैनल वाले बोल रहे हैं
इन्द्राणी ने सैंडविच खाया!

अँधेरा

अँधेरे में तीर छोड़ा
अँधेरा निशाना
अँधेरे के आगे भी तो
अँधेरा ही पाना
अँधेरी हवस है तो
अँधेरा ही डर
अँधेरे मुसाफ़िरों का
अँधेरा ठिकाना
अँधेरा बुझाना कभी
रौशनी भी लाना
रौशनी के पैंदे तले
अँधेरा ज़माना

भागो कवि आया...

भागो कवि आया...

कवि बड़े बदनाम हैं
क्यूँकि कवि अपनी कविता
दूसरों पर मढ़ते हैं
जबरन दिमाग़ पर
अपने शब्द लेकर चढ़ते हैं
जबरन सुनने पड़ें
तो अच्छे ख़याल भी
बुरे लगते हैं
ताज़े हों शब्द
सड़े-गले लगते हैं

मेरी गुज़ारिश है
कवियों से
कविता लिखने से पहले
संयम रखना सीखें
अपना लिखा
खुद पढ़ने का
दम रखना सीखें
कविता की खुशबू होती है
जो अपने-आप पढ़ने वालों तक पहुँचती है
इत्र का फाहा

किसी की नाक पे जाकर रखोगे
तो चीख़ पड़ेगा इंसान

कविताएँ
अचार की तरह होती हैं
महीनों मर्तबानों में पड़ी रहती हैं
तभी स्वाद आता है
लिखते ही सुनाने की ललक रखने वाला कवि
इंस्टेंट कॉफ़ी पीता है
और रेडीमेड राजमा खाता है
असली कवि अपनी कविता का गोश्त
धीमी आँच पर पकाता है।

पिंजरा*

सब पर तेरी साहेबी
तुझ पर साहेब नाय
निराकार निर्गुण तू ही
और सकल भरमाय
पाँच तत्त्व का बना पिंजरा
पिंजरे में मैना
पाँच लुटेरे घात लगाए
घबराए मैना

बजा ले अनहद शून्य के सन्नाटे में
धड़कन की तिरताल
सिमर ले साहेब जी का नाम
ये दुनिया माया जंजाल
साहेब मेरा एक रखवाला रे
साहेब मेरा दीनदयाला रे
साहेब मेरे तम में उजाला रे
साहेब मेरे तन पे दोशाला रे

साहेब तेरे घट भीतर ही धूनी रमाए बैठा साधो
साहेब तेरा अन्तर्मन ना रूप-रंग निरगुनिया साधो
साहेब नहीं तात मात ना बँधु सखा सखी सैयाँ साधो
साहेब नहीं जात पात ना धरम काज कीर्तनिया साधो

साहेब मेरा निर्मल जल जैसा
साहेब मेरा बहती पवन जैसा
साहेब मेरा नील गगन जैसा
साहेब मेरा भोला मन जैसा
उसपे क्यों झूठ फरेब का मांस चढ़ाए
रंग रंग की खाल
और फिर मोह माया के मेले में जा
नाचे विकट कंकाल
पाँच तत्त्व...

साहेब कोई सुर ना ताल बस नाद नाद अनहदिया साधो
साहेब तो है प्रेम बटी का ब्योपारी कनफटिया साधो
साहेब मेरी मीरा सुर कबीरा और बुल्लेशाह साधो
साहेब तो है पैगम्बर नानक बुद्धा और ईसा साधो
साहेब मेरा गूँजे अज़ानों में
शब्द बन घुल जाए कानों में
साहेब मेरा शून्य सिफर जैसा
साहेब मेरा जैसा मैं वैसा
मैना तू पंख पसार के उड़ जा मुनिया भवसागर के पार
जहाँ पर प्रीत प्रेम की नगरी है मेरे साहेब की सरकार

* यह गीत कोक स्टूडियो के सीजन-2 में स्वानंद किरकिरे ने खुद गाया है।

दर्द सहना वहाँ तक

दर्द सहना वहाँ तक कि
जहाँ पर आह मिल जाए
भटक जाना वहाँ तक कि
जहाँ पे राह मिल जाए
जीते रहना वहाँ तक कि
जहाँ पे साँस मिल जाए
दूर रहना खुद से तब तक
जब तलक अपना आप मिल जाए
बातें बातें, बातें करना कि
जब तक अर्थ मिल जाए
जो ना चाहा, जो ना माँगा
सुकून एक व्यर्थ मिल जाए...

सीख

दिन कुछ सिखाता है
रात कुछ सिखाती है
जब ये दोनों मिलते हों
नींद तभी आती है
ख़्वाब कुछ सिखाता है
याद कुछ सिखाती है
आज साला बोझिल है
साँस डगमगाती है

कितनी सारी बातें हैं
क़लम और दवातें है
काग़ज़ों की किस्मत है
नज़्म लिखी जाती है
कौन साँस लेता है
आदमी या विचार
साँस लेना आदत है
और वो तो हमको भाती है

तेरी एक लड़ाई है
मेरी इक लड़ाई
एक कोई लकड़ी है
एक कोई दराँती है
तुमको खुश रखूँ मैं या
खुद को खुश रखूँ बोलो

बारिशों की बूँदों की
बोतलों में ख्याति है

आदमी गधा साला
कितना तो वो मूरख है
धनिये और मिर्ची की
कीमतें बताती हैं
शादी ही गलत सुन लो
शादी चाहे जिसकी हो
इक कोई घराती है
इक कोई बराती है।

सोच

मैं अपने आप को सोचने से रोकता हूँ
क्यूँकि जब मैं सोचता हूँ, सत्य सारे नोचता हूँ
मैं सब को हूँ पसंद ये ख़्वाहिश
झूठी है, ये सच नहीं
मैं यहाँ अपनी तरह की
नफ़रतें भी खोजता हूँ
मुझको बस आसान है होना
साँस लेना कोई काम है?

साँस आए जाए कैसे
मैं नाक अपनी नोचता हूँ
मैं हूँ अच्छा और भला भी
ये मेरी दिक़्क़त सही
तेरे ज़ख्म पे रख के मरहम,
अपना ज़ख्म खरोंचता हूँ
मैं अपने आप को सोचने से रोकता हूँ
और जब मैं सोचता हूँ, सत्य सारे नोचता हूँ!

मुझको मैंने रोक धरा है

जितना प्यार मेरे भीतर है
उससे ज़्यादा क्रोध भरा है
खुद अपने को पा लेता मैं पर
मुझको मैंने रोक धरा है

क्या-क्या सीख लिया जीवन से
डर-डर जीना, तिल-तिल मरना
विश्वासों के भँवर में फँसकर
कल जो किया फिर आज वो करना
धारा बन के बह जाऊँ
ये स्वप्न तो बस सपने में खरा है
कल से निकल यूँ आज बनूँ पर
मुझको मैंने रोक धरा है

सरल है कथनी, कठिन ये करनी
समझ की घुट्टी गले उतरनी
मेरे मैं के दो हैं चेहरे
एक गज़ब की ज़िद पे अड़ा है
दोनों मैं का मित्र मैं बनता
मुझको मैंने रोक धरा है...

अच्छा लगता है

अच्छा लगता है
जब पता चलता है
कोई हम पे मरता है

अच्छा लगता है
जब पता चलता है
कोई हमसे डरता है

इस अच्छा लगने की खातिर
हम साला क्या-क्या करता है!

मैंने अपना काम कर दिया

मैंने अपना काम कर दिया
सब का एक-एक नाम धर दिया
सब पे एक-एक काम मढ़ दिया
और मैं...आगे बढ़ लिया

जिसको मैंने उल्लू कह दिया
उसमें एक गधा भी तो था
जिसको मैंने शेर कह दिया
वो कभी डरा भी तो था

हो तो वो हज़ार सकता था
मैंने उसे एक कर दिया
पूरे-पूरे आदमी को बस
नामों को भेंट कर दिया

मैंने अपना काम कर दिया
और मैं...आगे बढ़ लिया!

कुदरत*

कुदरत बोले खेल ले बेटा
हर हद आगे ठेल ले बेटा
एक बार जरा थिरकूँगी
होगा कहर, तू झेल ले बेटा...

दी थी अक्ल, कुछ भला करेगा
मेरा हाथ थाम के चला करेगा
तूने निकाला मेरा तेल, रे बेटा
तू इम्तेहान में फेल, रे बेटा
कुदरत बोले, खेल ले बेटा...

बीज दिया था
फल भी दिया था
तूने जड़ों को कच्चा चबाया
खुद के बैलेंस के चक्कर में
जीवन का बैलेंस हिलाया
अब मैं हिलती, तू पेल रे बेटा
कुदरत बोले, खेल ले बेटा...

तू रोए, तेरे अपने खोए
तूने कितने मेरे मारे
कितने जानवर, जंगल, परबत
सारे मौत के घाट उतारे
अब डाल ले ख़ुद को नकेल, रे बेटा

अब रोक ले अपनी गुलेल, रे बेटा
वरना तेरा नंबर आएगा
मत कहना मैं थी क्रूअल, रे बेटा!

---

* 2015 नेपाल के भूकंप पर आधारित।

आज मुक्त कर दो हमें

आज मुक्त कर दो हमें
ख़ुद से...
स्मृति से
स्वप्न से
जिए अपना वर्तमान
हम नग्न से...
आज मुक्त कर दो हमें
दिशाओं से
आशाओं से
निराशाओं से
उड़ें बहती पवन के संग
हम मग्न-से
आज मुक्त कर दो हमें
विचारों से
आचारों से
धुआँ उठे बस प्रेम का
इस जीवन यज्ञ से...

जीते जाना

मुक्ति पानी होगी इतिहास से
टू बी प्रिसाइस अपने पास्ट से
वर्तमान में, आज में,
अपने अभी में जीने का हौसला पैदा करना होगा
क्यूँकि उतना ही सच है
जो हम भोगते हैं
भोग पाते हैं
भोग सकते हैं
ऐसा कर पाए अगर
तो न ज़रूरत होगी बैंकों की
रुपयों-पैसों की
टैक्सों की
टैक्स कमिश्नरों की
सरकारों की
न नेताओं की
न भगवानों की
ना जाति-धर्मों की
अपना खाना, आप उगाना
अपना हगा खुद ही मिटाना
नेता कौन है?
मेरी ही तरह अपनी नौकरी बचाने वाला
एक कारकून है
तुम एक दोष मढ़ोगे
वो सौ मढ़ेगा

उसके पास शक्ति है
वो ज़्यादा देर तक लड़ेगा
मैं यहाँ तक पहुँचा हूँ
तुम आगे जाना
जीवन के सपने को आगे बढ़ाना
दोष मढ़ना कायरता है
उससे अपने आप को बचाना
आज अभी इस वक़्त
ज़िंदा हो
आभार जताना
जीते जाना...

सुनो

ज़रा ये भाषा बदल दो
शब्दों के अर्थ मर गए हैं
और मरे हुए उच्चारण उच्चारते
जबड़े थक गए हैं
देखो, लोग शब्दों के पत्थर
एक दूसरे को मार रहे हैं
गरीबों को भीख में
शब्द बाँट रहे हैं
शब्द शब्दों से शादियाँ करके
शब्द पैदा कर रहे हैं
वही घिसे पिटे पुराने शब्द
सुनो, सारे शब्द बदल दो
और उनकी जगह रख दो
सिर्फ कुछ फूल
और काँटे
और धूल
वो मौन रहेंगे
हम मौन रहेंगे
और सब सारे सारे
बस, मौन रहेंगे...

मैंने तेरा ख़त पढ़ा

(रोहित वेमुला का पत्र पढ़कर)

मैंने तेरा ख़त पढ़ा
और रहा मैं चुप खड़ा
तू आया, रोया, मर गया
तू लड़ गया, सूली चढ़ा
सितारों की तू धूल था
तू जंगलों का फूल था
मैं सदियों का फँसा हुआ
मैं सदियों का धँसा हुआ
सड़ा हुआ सही मगर
मेरा भी एक उसूल था
विज्ञान मेरी जेब में
और ज्ञान मेरे सर चढ़ा
वो तुझको ना बचा सका
जो कुछ भी था मैंने पढ़ा
अभी तलक वही हूँ मैं
उफ़ बदला ही नहीं हूँ मैं
मेरे कानों जूँ न रेंगी
हाय, मैं देश हूँ, बहुत बड़ा!

पंगे

ज़िंदगी से थोड़े-थोड़े पंगे लेते रहना
जो सही है चल रहा, अड़ंगे देते रहना

कपड़े हों सलामत, तुम नंग-धड़ंगे रहना
चाँद से नहीं है अब हिसाब इन रातों का
सितारा नाम है गधों की गधों वाली बातों का
रात ना हो, ना सही, तुम सपने बुनते रहना
ज़िंदगी से थोड़े-थोड़े पंगे लेते रहना

सब तुम्हारे भीतर है, जीत-हार सब कुछ
सही-गलत सब तुम हो, इससे आगे ना है कुछ
तुच्छ जो भी लगता है उससे मिलते रहना
ज़िंदगी से थोड़े-थोड़े पंगे लेते रहना

मत डरना तुम किसी से, कोई जो भी कहता है
क़तरे की तरह बहना, दरिया में जो बहता है
तुम ही हो ख़ुदा ख़ुद के, इतना ही समझ रहना
बूँद हो समन्दरों का, लिबास पहने रहना
ज़िंदगी से थोड़े थोड़े पंगे लेते रहना...

मैं अपने लिए आया हूँ

मैं जो भी समझ पाया हूँ
बस इतना समझ पाया हूँ
कि 'उनसे' नहीं है सुख मेरा
'उनसे' नहीं है दुख
ये मैं हूँ—जो मैं करता हूँ
ये मैं हूँ—जो मैं सहता हूँ
मुझ पर है मेरा हर ज़िम्मा
मैं अपने लिए आया हूँ

मैं उँगलियाँ उठाता हूँ
वो उँगलियाँ उठाते हैं
हम उठती-गिरती उँगलियों के
जाल में फँस जाते हैं
मैं तो यहाँ पे केवल
सुलझने को आया हूँ
मैं अपने लिए आया हूँ

ये डर हमें डराता है
और बर्फ़-सा जमाता है
मैं पिघलने आया हूँ
मैं अपने लिए आया हूँ

क्यों प्यार माँगता फिरूँ
जो खुद के पास इतना है

बूँद का भिखारी खुद
समन्दरों के जितना है
मैं अपने को लुटा दे कर
खुद को कमाने आया हूँ
मैं अपने लिए आया हूँ...

प्रेमगीत

मेरा आना
तुम्हारा जाना
और आँसुओं का छलक पाना
जीवन
एक अगड़म-बगड़म प्रेमगीत

मुश्किल है
हर बार सिरों का सिरों से मिल पाना
मुश्किल है सरकारों का
अपनी मर्ज़ी से चल पाना
मुश्किल है युद्धों का रुक पाना
मुश्किल एक बुझी हुई प्रेम की लौ को
फिर से जला पाना
साँसों का चलना
रुक जाना
यही रीत
जीवन
एक अगड़म-बगड़म प्रेमगीत

लय को खोजते मानव शिशु
ताल तोड़ते मानव शिशु
लड़ते जाते अविरत ढीठ
रोज़ नई कहानी
नई हार रोज़

नई जीत
रौशनी की तरफ लोलुप लपकता
हर एक कीट

जीवन
एक अगड़म बगड़म प्रेमगीत!

शाकाहार–मांसाहार

कबूतर को कौवा मारे चोंच
पंख–पंख उसका रहा नोच
भूखा है वो कौवा
कबूतर कमज़ोर है
ज़िंदा रहने की मंशा
दोनों की पुरज़ोर है
फिर क्यों मेरे दिल पे है खरोंच
मैं हूँ शाकाहारी
मैं माँस नहीं खाता
पर पौधों में क्या जान नहीं ?
उन्हें तो मार गिराता
पत्ते नोंच जाता
कभी बीज चबाता
टहनी की हड्डी–हड्डी
रीढ़ तोड़ लाता
कभी जड़ से उखाड़ प्याज
आँसू भी बहाता
जो चीखता नहीं
उसे क्या लगती नहीं चोट ?
कबूतर को कौवा मारे चोंच
पंख–पंख उसका रहा नोंच
शाकाहार का आहार
फल है, गूदा, ओनली फ्रूट
नीदर स्टेम, ना ही पत्ते

नॉर बीज, नॉर रूट
रोटी भात जो भी खाए
मांसाहारी वो कहाए
पालक–मेथी खानेवाला
कीमे का ही पाप पाए
प्रकृति सबसे चतुर है
खुद पे ना बोझ बढ़ाए
जीव को ही जीव के
जीने की
वजह बनाए
जीवो जीवस्य जीवनम्!

प्रीत की दूब

आग एक जिगर में जलती
सर के ऊपर धूप
झुलसा हुआ कोयला जैसे
मेरे 'मैं' का सरूप
इतना ही है ज्ञान मुझे
कि मैं निपट अज्ञानी हूँ
रद्दी काग़ज़, भरा खचाखच
भेजे का संदूक़
एक तेरी याद का पन्ना
बस इतनी मेरी लूट
मेरे मन के मरुथल में है
तेरी प्रीत की दूब।

कवि कौन है

भगवान कवि को बनाता है
या कवि भगवान बनाते हैं
कवि रक्त को ऊर्जावान बनाते हैं
कवि समुदायों को देश बनाते हैं
कवि देशों को महान बनाते हैं
कविता सुन जवान सीमाओं पर लड़ते हैं
कवि कुर्बानियों के महाकाव्य गढ़ते हैं
गीता बाइबल क़ुरआन लिख जाते हैं
कवि अपनी अपनी समझ से
इन्सान बनाते हैं
कवि मुहब्बत की जुबान बन जाते हैं
कवि कामना का पैग़ाम बन जाते हैं
कवि गीतों के प्राण बन जाते हैं
भावनाओं को चार चाँद लगाते हैं
कवि भाषा को सम्मान दिलाते हैं
कवि निर्बल के अस्त्र बन जाते हैं
कवि क्रांति के शस्त्र बनाते हैं
कवि साबुन-तेलों की दुकान चलाते हैं
भगवान कवि को बनाता है
या कवि भगवान बनाते हैं!

कश्मीर

भूरी-भूरी आँखें
डल की गहराई है
तीखी नाक, तेवर जहान की
सुनवाई हैं बातें
केसर-केसर
दुहाई है, दुहाई है
लब दो गुलाब की
पंखुड़ियाँ मुस्काई हैं
बाहें दो चिनारों की
शाखें लहराई हैं
रेशम की रिधा
रेशम जुल्फ़ों को छुपाई है
तुम हो वो कहानी
मेरे ख़्वाब में जो आई है
तुम हो कश्मीर
तुम झेलम का तीर
तुमको मैं रोता हूँ
किसकी आँखें, किसके नीर
ओह कश्मीर, मैं तेरा दिलगीर
तेरी-मेरी, तू-तू, मैं-मैं
बेकार की लड़ाई है।

ढेंचूँ

मैं तुम में बुरा देखूँ
मैं तुम में भला देखूँ
मैं तुमसे पला देखूँ
मैं तुमसे छला देखूँ
ज़िंदा हूँ, आँखें
अब तलक नहीं झपकीं
जब तलक दिखता है
क्या-क्या मैं क्या देखूँ ?
गन्दी-गन्दी बातें कर
डर के दर को खोले हो
अच्छी-अच्छी बातें कर
आशा को टटोले हो
एक राय मेरी है
किस तरफ को मैं फेंकूँ
जब तलक दिखता है
क्या-क्या मैं क्या देखूँ ?
नफरत का बोझ मेरे सर पर ना लादो भाई
गैस सब को आती है, बिस्तर में ना पादो भाई
लँगड़ा हूँ, बैसाखी माटी पे क्यों ना मैं टेकूँ
गधा हूँ तो गदहे की तरह क्यूँ न मैं रेकूँ
ढेंचूँ ढेंचूँ ढेंचूँ
ढेंचूँ ढेंचूँ ढेंचूँ
ढेंचूँ ढेंचूँ ढेंचूँ...

एक्सेल शीट

सोमवार को शुरू हुई और शुक्रवार को अस्त
एक्सेल शीट पे लिखी कविता बड़ी ही ज़बरदस्त
शनिवार को हैंग ओवर था, बिस्तर में थी पस्त
रविवार को ग़ज़ल हमारी गाँजा पी के मस्त
हाय कैलेंडर देख के होते मन के इमोशंस स्पष्ट
मंडे मार्निंग फ़ियर उपजता, फ्राइडे नाईट लस्ट
बड़ी ही प्यारी लड़की थी वो हाए बड़ी ही मस्त
एक क्यूबीकल की क़ब्र में जा कर हुई बिचारी नष्ट।

प्रीत खिलौना

चाहे फेर लो निगाहें
दुनिया एक होना चाहे
चाहे भर लो जितनी आहें
दुनिया नेक होना चाहे

लाओ ढूँढ ढूँढ के मुद्दे
दाढ़ी चोटी बुरके चड्ढे
चाहे बंदूकें बँटवा दो
चाहे मारो, लहू बहा दो
दुनिया सेफ होना चाहे
दुनिया एक होना चाहे

कुदरत की गोदी में बैठे
छोटे-छोटे बच्चे हम
रो-हँस के मन की मनवा लें
हममें देखो कितना दम
जोकर जितना मर्ज़ी नाचे
हम प्रीत खिलौना चाहें
दुनिया एक होना चाहे

मर्ज़ तेरा और दवा तेरी
सदियाँ निभाईं वफ़ा तेरी
इश्क़ के रोग का तोड़ नहीं
इश्क़ न मरता, दुआ तेरी

जितने चाहे, बिठा ले पहरे
ये दिलफेंक होना चाहे
जिस से, तिस से दिल को लड़ा ले
इंटरनेट होना चाहे
दुनिया एक होना चाहे।

15 अगस्त की कविता*

कोई टूथपेस्ट है ज़ेहन कहो
दबाओ कविता निकलेगी
ये मोम की बत्ती है निठुरी
धीमे जलेगी, धीमे पिघलेगी

कल आज़ादी का दिन है सुनो
कुछ आज़ादी पे बात लिखो
कुछ खड़े रोंगटे करवा दो
दिन-भर की बात है निभ लेगी

हम इन्सानों-सा नहीं कोई
गुलाम अपनी समझ का है
इस समझ की चिड़िया को पर दो
आज़ादी खुद चहक लेगी

अपने सीने पर हाथ रखो
वो डर की एक चट्टान बड़ी
लाख छटपटाएँ सपने
हकीकत सदियों से वहीं पड़ी

क्यों इसको-उसको कोसें हम
क्या हम में है बदलाव का दम
वो बुड्ढा कह के निकल गया
खुद बदलो दुनिया बदलेगी

ये मेरी जिरह है खुद मुझसे
कोई सीख-वीख न समझ लेना
गर प्यार जो मैंने सीख लिया
कम-से-कम मेरी सुख में निकलेगी

अब बंद करो कविराय विकट
ये कविता गटर-सी बह निकली
जनता शब्दों से डरती है
डरती है भाषा, फिर ठग लेगी।

---

* जब हर 15 अगस्त को मीडिया देशभक्ति की नई कविता झटपट माँगता है, उसी डिमांड को लेकर यह कविता।

आशा का मंतर

'आज' ज़रा तकलीफ उठाओ
'कल' सब ठीक हो जाएगा
थके ज़ेहन में नित नई तरह से
आशा का मंतर फूँका जाएगा

जैसे रोज़ नहीं थी तकलीफें
ज़रा और सही क्या जाएगा
एक चतुर ज़ेहन एक भोले ज़ेहन पर
यूँ ही राज चलाएगा

सदियों मछुआरे का यही जाल
सदियों मछली का यही हाल
जब तक अपने सुख-दुख का
ज़िम्मा तू खुद ना उठाएगा

कोई और तेरे सपनों के पंख
लूट के खुद उड़ जाएगा
एक 'आज' बिना तकलीफों का
कल ही में रह जाएगा।

जो समझा है वो तो बोले

ज़ेहन की नर्म दीवारों पर
डर रेंग रहा हौले-हौले
जब सारे दरीचे बंद हों तब
कोई नया झरोखा तो खोले

ये वक़्त है ऊबड़-खाबड़-सा
बढ़ते ही जाएँ हिचकोले
ख़ौफ़ ने नींद उड़ा दी है
क्या वाजिब है, तब भी सो लें?

जिसे नहीं समझ उसे जाने दो
जो समझा है वो तो बोले।

फ़र्ज़ करो

(John Lennon का गीत *Imagine* पढ़ने के बाद)

फ़र्ज़ करो कोई मुल्क न हो
न हो कोई मज़हब
फ़र्ज़ करो दुनिया में कहीं भी
ना हो कोई सरहद
फ़र्ज़ करो इंसा को न हो
तेरा-मेरा कहने की आदत
जो धरती है वो सबकी हो
पानी-जंगल-परबत
फ़र्ज़ करो बन्दूक न हो
और न हों बम के गोले
फ़र्ज़ करो न उठते हों
ख़यालों में नफरत के शोले
फ़र्ज़ करो ना जात-पात हो
ना रंग-रंग का भेद
फ़र्ज़ करो ना पैसा हो
ना काला, ना सफ़ेद
फ़र्ज़ करो न जुर्म हो कोई
ना पुलिस न डंडा, ना क़ैद
फ़र्ज़ करो, फ़र्ज़ करो

इस सपने को ज़रा मर्ज़ी दो
अपने ही ज़ेहन को प्यार सीखने की
एक ज़रा-सी अर्ज़ी दो

मैं नहीं अकेला पगला यहाँ
मुझ जैसे यहाँ हज़ारों हों
फ़र्ज़ करो जो ना भी हों
वो सारे अपने हमारे हों...

वो लड़की धूम-धड़ाका थी

वो लड़की धूम-धड़ाका थी
वो खंजर थी वो दराता थी
वो मिश्री थी वो बताशा थी
वो चलती नहीं बस बहती थी
सच सीधे दिल की कहती थी
कुछ कहते थे वो आशा थी
कुछ कहते महज़ तमाशा थी
वो बादल बिजुरी हँसती थी
वो काजल काजल रोती थी
कुछ कहते, दिल को दिलासा थी
कुछ कहते केवल झाँसा थी
वो अपने दिल में आई थी
और दो पल को सुस्ताई थी
जब उसने ली अँगड़ाई थी
हर रोम में लपट उठाई थी
हमने भी बड़े जतन किए
उसको हम वश में कर जाएँ
हमको सदियों से आदत है
जो भाए उसे जीत के घर लाएँ
रेती मुट्ठी से फिसल गई
वो वक़्त के जैसे बदल गई
वो जीवन की परिभाषा थी
कुछ कहें जुए का पासा थी
जब गई तो आखिर समझे हम

वो कुदरत बन के आई थी
जिस लम्हा वो हम एक हुए
बस उस लम्हे की कमाई थी
वो आई आ कर चली गई
वो शाम सुहानी ढली, गई
कुछ कहें कि रूपा सोना थी
कुछ कहें कि ताँबा काँसा थी
अब भी दिल के नशेमन में
एक उसका कमरा खाली है
वहाँ उस कमरे के शीशे पर
उसके जोबन की लाली है
अब ना जाने कहाँ रहती है वो
जाने कौन दिशा में बहती है वो
सब कहते हैं उसका क़त्ल हुआ
वो कुलच्छनि कुलनासा थी
वो लड़की धूम-धड़ाका थी
वो खंजर थी वो दराता थी
वो मिश्री थी वो बताशा थी...

सुनो समंदर

सुनो समंदर
अपने अंदर
लहर, थपेड़े और संताप
सुनो समंदर
शान्ति गहरी
भीतर-भीतर करुण विलाप
सुनो समंदर
हलचल बेकल
तुमको भी जड़ता का श्राप
सुनो समंदर
अपने अंदर
जल-जल ढूँढ़े भादों मास...